Jüdische Witze aus dem Mittelalter
Jüdischer Humor in Europa zwischen 900 und 1500

FSC
www.fsc.org
MIX
Papier aus ver-
antwortungsvollen
Quellen
Paper from
responsible sources
FSC® C105338

Ignaz Kernbart

Jüdische Witze aus dem Mittelalter

Jüdischer Humor in Europa zwischen 900 und 1500

Bibliografische Information der Deutschen Nationalbibliothek
Die Deutsche Nationalbibliothek verzeichnet diese Publikation in der Deutschen Nationalbibliografie; detaillierte bibliografische Daten sind im Internet über http://dnb.d-nb.de abrufbar.

ISBN: 978-3-8192-1038-9

Copyright (2025) Ignaz Kernbart
Verlag: BoD · Books on Demand GmbH,
Überseering 33, 22297 Hamburg,
bod@bod.de
Druck: Libri Plureos GmbH,
Friedensallee 273, 22763 Hamburg
Alle Rechte bei dem Autoren.

Vorwort

Im Frühjahr 2024 wurde in der ehemaligen Synagoge von Tiflis, Georgien, bei Restaurierungsarbeiten ein handschriftliches Konvolut gefunden, das auf den ersten Blick unscheinbar wirkte. Zwischen beschädigten Gebetsbüchern und hebräischen Kommentaren fand sich ein kleines, in Leder gebundenes Heft, das weder Titel noch Verfasser nannte. Bei näherer Untersuchung stellte sich jedoch heraus, dass es sich um eine in jiddischer und hebräischer Sprache verfasste Sammlung humorvoller Dialoge, Anekdoten und pointierter Bemerkungen handelte, deren Herkunft auf das mittelalterliche Europa hindeutet.
Die Handschrift, in Teilen beschädigt, enthält keine klaren Angaben zu Entstehungsort oder Verfasserschaft. Stilistische und sprachliche Hinweise deuten jedoch darauf hin, dass die Witze und Kurztexte vermutlich zwischen dem 12. und 15. Jahrhundert niedergeschrieben oder mündlich tradiert und später verschriftlicht wurden. Die Fundlage ist insofern bemerkenswert, als jüdischer Humor des Mittelalters in schriftlicher Form selten überliefert ist. Humor, insbesondere unter marginalisierten Gruppen, wurde meist mündlich tradiert, häufig situativ angepasst und seltener schriftlich fixiert.
Der deutschsprachige Autor und Übersetzer Ignatz Kernbart, der sich zu Studienzwecken in Tiflis aufhielt, erhielt Zugang zu dem Fundmaterial. Nach eingehender Durchsicht entschloss er sich, die Inhalte in moderner Sprache zu übertragen,

um sie einem heutigen Publikum zugänglich zu machen. Dabei wurde bewusst darauf verzichtet, den ursprünglichen Wortlaut zu imitieren; Ziel war vielmehr eine sinngerechte und stilistisch stimmige Übertragung ins heutige Deutsch, die dem Geist der Vorlage gerecht wird.

Die in diesem Band versammelten Texte verstehen sich nicht als vollständig historisch verifizierte Dokumente, sondern als literarisch und kulturhistorisch wertvolle Zeugnisse einer über Jahrhunderte gepflegten jüdischen Erzähltradition. Sie spiegeln Lebensklugheit, Widerstandskraft und die Fähigkeit zum Lachen unter schwierigen Bedingungen – Eigenschaften, die im jüdischen Leben des Mittelalters stets eine zentrale Rolle spielten.

Ignatz Kernbarts Auswahl wurde thematisch geordnet und editorisch leicht kommentiert, ohne den ursprünglichen Ton zu verfälschen. Das vorliegende Werk versteht sich daher als Brücke zwischen Überlieferung und Gegenwart – mit dem Ziel, ein weitgehend unbekanntes Kapitel jüdischer Alltagskultur auf neue Weise erfahrbar zu machen.

Der reiche Händler und der Rabbi

Ein reicher Mann sagt zum Rabbi:
„Ich gebe Almosen, ich spende für die
Synagoge, ich faste zweimal die Woche – und
doch spricht der Ewige nicht zu mir!"

Der Rabbi schaut ihn an und sagt:
„Vielleicht redet Er nur mit armen Leuten."

Der Schüler und der Lohn

Ein junger Schüler fragt seinen Rabbi:
„Wenn ich ein ganzes Jahr die Tora studiere, was
bekomme ich dann?"
Der Rabbi antwortet:
„Wenn du fragst, bekommst du nichts.
Wenn du schweigst, bekommst du alles."

Der stumme Handel

Ein Händler kommt zum Rabbi und klagt:
„Die Leute handeln mit mir, aber sie reden nicht
mehr."
Der Rabbi fragt:
„Und kaufen sie?"
„Ja."
„Dann danken sie dir in der Sprache, die zählt."

Der kluge Dieb

Ein Dieb wird beim Stehlen erwischt und sagt:
„Ich wollte nur prüfen, ob euer Haus sicher ist."
Der Rabbi antwortet:
„Dann bleib – wir prüfen jetzt deinen Charakter."

Die treue Frau

Ein Mann beklagt sich:
„Meine Frau ist mir treu, aber sie liebt mich nicht."
Der Rabbi sagt:
„Sei froh – manche werden geliebt und doch
verlassen. Du wirst vielleicht nicht geliebt, aber du
wirst ertragen. Und das ist schwerer."

Der verlorene Sohn

Ein Vater sagt zum Rabbi:
„Mein Sohn hat die Tora vergessen und nennt
mich einen alten Narren."
Der Rabbi fragt:
„Liebst du ihn noch?"
„Natürlich."
„Dann wird er zurückkehren. Wer einen Narren
liebt, hat Weisheit gestreut."

Das Geschenk des Reichen

Ein wohlhabender Mann bringt dem Rabbi Wein.
„Ein Tropfen für Ihre Weisheit", sagt er.
Der Rabbi antwortet:
„Weisheit braucht Wasser. Euer Wein ist für die
Dummen – sie vertragen weniger Wahrheit."

Die Frage des Kindes

Ein Kind fragt den Rabbi:
„Warum hat Gott den Regen erfunden?"
Der Rabbi denkt kurz nach und sagt:
„Weil manche Menschen nur wachsen, wenn es
schwer wird."

Der langsame Schüler

Ein Schüler sitzt seit Stunden über einem Vers und
versteht ihn nicht.
Der Rabbi beobachtet ihn und sagt:
„Wenn du schneller verstehen willst, lerne
langsamer zu denken."

Die richtige Stunde

Ein Mann fragt den Rabbi:
„Wann ist die beste Zeit, um weise zu handeln?"
Der Rabbi antwortet:
„Etwas früher als du meinst – und etwas später als
du wünschst."

Der Brief an Gott

Ein Junge bringt dem Rabbi einen Brief.
„Ich habe ihn an Gott geschrieben, aber ich weiß
nicht, wo ich ihn hinschicken soll."
Der Rabbi nimmt ihn, legt ihn auf das Fensterbrett
und sagt:
„Wenn der Wind ihn holt, wird er gelesen."

Der Esel und die Wahrheit

Ein Händler behauptet, sein Esel spreche die
Wahrheit.
Die Leute lachen, doch der Rabbi fragt:
„Und was hat er zuletzt gesagt?"
„Er hat geschwiegen."
„Dann war es vermutlich wahr."

Die Ehefrau in der Synagoge

Ein Mann kommt zur Synagoge, doch seine Frau
folgt ihm überallhin.
„Sie lässt mich nicht allein beten!", klagt er.
Der Rabbi antwortet:
„Dann bete für sie. Wenn sie dann noch folgt,
hast du etwas falsch gebetet."

Die Schuld der Anderen

Ein Schüler sagt:
„Ich wäre besser, wenn die Welt gerechter
wäre."
Der Rabbi erwidert:
„Dann sei du der Anfang. Die anderen warten
schon zu lange."

Die Gans vor dem Himmelstor

Ein armer Mann stirbt und steht vor dem
Himmelstor.
Er sagt: „Ich habe wenig gebetet, aber jeden
Tag eine Gans gefüttert."
Der Engel nickt: „Dann wirst du den Himmel nicht
betreten – aber die Gänse werden dich tragen."

Gott und die Feder

Ein Rabbi findet eine weiße Gänsefeder auf
seinem Sitz.
Er hebt sie auf, schaut zum Himmel und sagt:
„Wenn das Deine Handschrift ist, Gott, dann
schreib mir bald den Rest."

Der tote Onkel

Ein Junge fragt den Rabbi:
„Kommt mein Onkel in den Himmel, obwohl er
sein ganzes Leben nur Gänse gestohlen hat?"
Der Rabbi antwortet:
„Wenn es im Himmel Gänse gibt, ist er längst
dort."

Das letzte Wort

Ein Sterbender flüstert:
„Rabbi, sage mir, was ich Gott sagen soll, wenn
ich ihn sehe."
Der Rabbi beugt sich vor und sagt:
„Frag ihn, warum Gänse so laut sind – und warum
Menschen sie trotzdem essen."

Der Gänsehändler und der Tod

Ein Gänsehändler liegt krank im Bett.
Der Tod tritt ein und sagt: „Ich bin gekommen,
dich zu holen.“
Der Händler stöhnt: „Nimm erst die Gänse – sie
sind schwerer.“
Der Tod denkt nach – und verschwindet.

Der Arzt und der Kranke

Ein Mann kommt zum Rabbi und sagt:
„Der Arzt hat gesagt, ich soll mich schonen."
Der Rabbi fragt:
„Hat er gesagt, warum?"
„Nein."
„Dann schone dich vor dem Arzt."

Die gute Krankheit

Ein Schüler sagt:
„Ich habe Husten, Bauchweh und Schwäche. Ist
das eine Strafe Gottes?"
Der Rabbi antwortet:
„Nein. Wenn es eine Strafe wäre, wärst du schon
still."

Die Pest in der Stadt

Ein Mann klopft an die Tür des Rabbiners:
„Die Pest ist in der Stadt!"
Der Rabbi sagt:
„Dann sollen alle zu Hause bleiben – und wer
unbedingt stirbt, soll sich wenigstens waschen."

Der Totengräber

Ein Totengräber kommt zum Rabbi:
„Die Leute sagen, ich sei unrein."
Der Rabbi fragt:
„Beerdigst du sie sauberer?"
„Natürlich."
„Dann bist du der Einzige, der Menschen noch
verbessert."

Das Heilmittel

Ein Heilkundiger bietet einem Rabbi ein Elixier an.
„Es heilt alles", sagt er.
Der Rabbi schaut auf das Fläschchen und fragt:
„Warum bist du dann so bleich?"
Der Mann antwortet nicht.
„Dann nimm zuerst einen Schluck."

Der Fluch der Gesundheit

Ein Mann prahlt:
„Ich war noch nie krank!"
Der Rabbi schaut ihn an:
„Dann hast du Gott keine Gelegenheit gegeben,
dich zu prüfen. Sei vorsichtig – Er ist neugierig."

Der stumme Aal

Ein Mann bringt dem Rabbi einen Aal.
„Er redet nicht, aber ich spüre, dass er lügt."
Der Rabbi sagt:
„Dann ist er wie viele Menschen – glatt,
schweigsam, aber nicht schuldlos."

Der Aal am Schabbat

Ein Schüler fragt den Rabbi:
„Darf man am Schabbat einen Aal essen?"
Der Rabbi antwortet:
„Wenn du ihn fangen kannst, ohne zu arbeiten –
ja. Aber bis dahin ist es Montag."

Der gelehrte Fisch

Ein Rabbi isst Aal und sagt zum Wirt:
„Dieser Fisch ist wie ein Schüler: schwer zu greifen
und voller Ausflüchte."
Der Wirt fragt:
„Und ist er klug?"
„Nur wenn man ihn roh lässt."

Die Witwe und der Aal

Eine alte Frau verkauft Aale auf dem Markt.
Ein Kunde fragt: „Woher kommen die?"
Sie sagt: „Aus dem Sumpf, genau wie mein
Mann."
Der Rabbi hört das und murmelt:
„Kein Wunder, dass einer von beiden gegessen
wurde."

Der glatte Handel

Ein Händler verkauft Aale mit dem Versprechen:
„Sie rutschen direkt ins Herz."
Der Rabbi fragt: „Auch ins Gewissen?"
Der Händler zuckt mit den Schultern: „Nur wenn's
fett genug ist."

Der tote Aal

Ein Junge bringt dem Rabbi einen toten Aal.
„Ich wollte ihn zähmen, aber er ist gestorben."
Der Rabbi schaut auf das Tier und sagt:
„Dann warst du näher dran als jeder Fischer."

Die Frage nach der Seele

Ein Mann fragt den Rabbi:
„Hat ein Aal eine Seele?"
Der Rabbi denkt nach:
„Wenn ja, dann ist sie schwer zu halten – aber
sehr lebendig."

Die starke Frau

Ein Mann sagt zum Rabbi:
„Meine Frau widerspricht mir bei jedem Wort."
Der Rabbi fragt:
„Und wann hört sie auf?"
„Wenn ich schlafen gehe."
„Dann solltest du öfter zuhören, vielleicht sagt sie
nur die Wahrheit schneller."

Der Preis der Klugheit

Ein Jüngling sagt:
„Ich will keine kluge Frau – die durchschaut
mich."
Der Rabbi antwortet:
„Dann nimm eine weise. Sie sieht dich – und
schweigt."

Das letzte Wort

Ein Mann behauptet:
„In meinem Haus habe ich das letzte Wort."
Der Rabbi fragt:
„Und was war es?"
Der Mann flüstert:
„Entschuldigung."

Die stumme Braut

Ein Vater sagt stolz:
„Meine Tochter redet nicht viel. Sie ist tugendhaft."
Der Rabbi fragt:
„Oder hört sie einfach nicht zu?"

Die bittende Frau

Eine Frau kommt zum Rabbi und sagt:
„Mein Mann tut nichts im Haus. Ich bitte ihn
täglich."
Der Rabbi sagt:
„Dann bete anders – nicht um Hilfe, sondern um
ein Wunder."